DE LA

FORMATION DU SÉNAT

DU SERMENT

DES MINORITÉS

CLICHY. — Imprimerie de Maurice Loignon et Cie,
rue du Bac-d'Asnières, 12.

DE LA

FORMATION DU SÉNAT

DU SERMENT

DES MINORITÉS

PAR

M. LE MARQUIS DE BIENCOURT

PARIS

E. DENTU, LIBRAIRE-ÉDITEUR

PALAIS-ROYAL, 17 ET 19, GALERIE D'ORLÉANS

1870

UNE
CONDITION ESSENTIELLE
DU
GOUVERNEMENT PARLEMENTAIRE

DE LA FORMATION D'UNE CHAMBRE HAUTE

Malgré ses efforts pour se maintenir, le gouvernement personnel est bien fini. Le pays se réveille et sort d'une torpeur de dix-sept années. Sans récriminer inutilement sur les fautes et les malheurs de ce triste passé, il s'agit maintenant d'envisager l'avenir. La France ne veut plus abdiquer, elle ne veut plus de tutelle, elle entend se gouverner et s'administrer elle-même, en un mot, faire ses propres affaires.

Quel que soit dorénavant le nom ou la forme

d'un gouvernement, que ce soit une monarchie héréditaire, comme dans la plupart des États de la vieille Europe, ou une république, comme dans la presque totalité des nations du nouveau monde, le régime *représentatif* et *parlementaire* doit exister, et il ne saurait en exister d'autre; mais ce régime, de même que le gouvernement personnel, a ses entraînements et ses faiblesses, ses grandeurs et ses défaillances. Son plus dangereux écueil est sans contredit la prétention d'une certaine école politique de vouloir le faire fonctionner avec une assemblée unique. Qu'une expérience de quatre-vingt-dix années serve au moins à nous guider et à nous éclairer. Le despotisme d'une pareille assemblée devient aussi fatal que le despotisme d'un seul homme. La France a connu ce despotisme, honteux sous l'Assemblée législative, sanglant sous la Convention, impuissant sous l'Assemblée républicaine de 1848.

Une Chambre unique est un gouvernement sujet, par son essence même, à trop d'entraînements, de fautes et de surprises.

Le pays se trouve un jour comme sous le

gouvernement personnel, avec ses finances obérées, son avenir lourdement grevé, et il est obligé, pour réparer le passé, de revenir sur des lois que l'assemblée elle-même était confondue d'avoir pu voter par assis et levé, comme s'il s'était agi de la mesure la plus indifférente. Et que ne pourrait-on pas dire encore quand, dans une assemblée unique, le gouvernement est exercé par une minorité qui a su imposer sa domination par la terreur?

La première condition d'un gouvernement représentatif, monarchique ou républicain, est donc de fonctionner avec deux assemblées.

Voyons maintenant comment on pourrait arriver à établir à côté des représentants nommés par le suffrage *universel direct* une autre assemblée considérable à laquelle le pays n'eût rien à reprocher, qu'il pût et dût considérer au contraire comme la plus haute expression de la représentation nationale.

Depuis l'abolition des priviléges et le grand principe de l'égalité de tous les Français proclamé par le patriotisme de la génération de

1789, tout le monde est d'accord pour reconnaître qu'une pairie héréditaire et privilégiée est impossible. Il reste donc, ce que l'on a essayé jusqu'à présent, une assemblée composée uniquement de membres tous au choix du chef de l'État. Quatre épreuves de ce système ont montré qu'il était devenu aussi impossible qu'une pairie héréditaire. Le pays ne voit plus dans cette faveur que la récompense de services rendus à la personne du souverain, et non plus de services rendus à la patrie.

Certes, cette opinion peut ne pas être juste dans certains cas ; mais elle est malheureusement trop souvent fondée, et elle entache le corps entier d'une défaveur dont il importe de le sauvegarder à tout prix. Il est alors de toute nécessité, dans l'intérêt du pouvoir lui-même, de trouver un moyen de composer la haute assemblée en dehors du choix de chef de l'État.

L'élection, mais une élection par catégories, fontionnant d'une manière toute différente que pour le choix des députés, nous semble donc la seule solution possible.

Nous allons essayer de montrer que ce

système serait d'une réalisation facile, et qu'avec lui on arriverait à composer, sous une monarchie aussi bien que sous une république, une haute assemblée *indépendante* et *conservatrice*, au patriotisme de laquelle le pays tout entier serait forcé de rendre hommage.

Conseillers généraux. — Les conseillers généraux forment un corps considérable, une élite de la nation ; ils ont déjà la sanction du suffrage universel. On pourrait les réunir par groupes de trois conseils généraux, alternativement à chacune des trois préfectures, et leur faire nommer à trois siéges à la haute assemblée. Afin de laisser plus de latitude à leur libre choix, ils pourraient choisir en dehors de leur sein. En réunissant ainsi ensemble trois conseils généraux, on évite de tomber dans une coterie et on donne plus d'autorité au suffrage.

Clergé. — Il est de toute justice que l'épiscopat soit largement représenté dans la haute assemblée. Les quatre-vingt-dix évêques et archevêques de France auraient à nommer *parmi eux* à cinq siéges. Ils se réuniraient alternativement à chaque archevêché, et ne se constitueraient en assemblée que pour pourvoir au remplacement de deux siéges au moins devenus vacants.

Magistrature, cours impériales. — Les vingt-sept cours impériales comptent chacune huit présidents. Ces deux cent seize magistrats, réunis alternativement à chaque siége de cour, auraient à envoyer dix d'entre eux à la haute assemblée. Ils ne se réuniraient que lorsque deux des siéges qui leur sont attribués seraient devenus vacants.

Cour de cassation, cour des comptes. — Les conseillers à la cour de cassation nommeraient un d'entre eux à la haute assemblée ; de même la cour des comptes.

Ordre des avocats. — Les bâtonniers en exercice et les anciens bâtonniers auraient à envoyer cinq d'entre eux siéger dans la haute assemblée. Le corps des avocats est trop

considérable par le patriotisme et le talent.
pour ne pas être représenté dans cette assemblée, composée des notabilités de tous les
ordres. Trop nombreux pour se réunir en
corps entier de tous les points de la France,
les bâtonniers nommés déjà par une élection.
directe représentent, il nous semble, l'élite
de ce grand corps.

Chambres de commerce. —Les soixante-
neuf chambres de commerce pourraient être
groupées en cinq grandes agglomérations ,
ayant un grand nombre d'intérêts communs :
nord, est, sud, ouest et centre. Chaque chambre commencerait par nommer dans son sein
quatre électeurs, lesquels, réunis alternativement dans chaque siége de chambre de
commerce du groupe dont ils feraient partie,
auraient à envoyer à la haute assemblée cinq
membres qu'ils pourraient élire en dehors
de leur sein.

Armée. — Les généraux de division et de
brigade (au nombre environ de 450 à 500) se
réuniraient à Paris, et auraient à nommer

vingt d'entre eux pour occuper vingt siéges dans la haute assemblée ; ils n'auraient à se réunir que pour vaquer au remplacement de cinq.

Marine. — De même que pour l'armée de terre, les amiraux (au nombre à peu près de 75 à 80) se réuniraient à Paris ou à chaque préfecture maritime alternativement, et nommeraient cinq d'entre eux à cinq siéges à la haute assemblée. Ils n'auraient qu'à vaquer en remplacement de deux siéges au moins à la fois.

Académies. — Les cent cinquante membres à peu près, composant les cinq Académies, seraient réunis à Paris en un seul corps pour nommer cinq d'entre eux à la haute assemblée. Ils se réuniraient à chaque vacance.

Voilà donc dix grands corps électoraux composés, on peut l'affirmer, de l'élite du pays, pouvant se réunir facilement et envoyant à la Chambre, qui jusqu'à présent n'avait été composée que par la faveur du

souverain, toutes les notabilités et les illus-
trations les plus populaires. On arrive par
ces diverses élections à un chiffre de cent
trente-six membres.

Membres de droit. — A ce chiffre, il faut
ajouter les cardinaux, les maréchaux et les
amiraux, qui devraient faire partie de droit de
la haute assemblée. Si celui élevé à l'une de
ces dignités en faisait déjà partie, ce qui arriverait probablement dans la plupart des cas,
on considérerait son élévation comme une
vacance dans le corps par lequel il aurait déjà
été élu.

*Option des membres du Corps législa-
tif.* — Un député qui, pendant trois sessions
consécutives, aurait été nommé par la même
circonscription devrait pouvoir, à son choix,
ou continuer à briguer le mandat de député,
ou faire partie de droit de la haute assemblée.

Choix du souverain. — Il faudrait enfin
que le souverain dans une monarchie, ou le

pouvoir exécutif dans un gouvernement républicain, eût à sa disposition un certain nombre de siéges, que l'on pourrait fixer à vingt,
par exemple, afin de pouvoir récompenser
des dévouements personnels ou des actions
extraordinaires. Ce chiffre ainsi restreint, ne
pouvant dans aucun cas être dépassé, dans
l'intérêt même du pouvoir, quel qu'il fût, ne
pourrait jamais, en aucune façon, influer sur
l'indépendance d'une telle Chambre, qui serait bien véritablement *la Haute Assemblée
des Notables.*

Dispositions générales. — Chaque mem-
bre de la haute assemblée serait nommé à
vie et jouirait d'une dotation considérable.
Il pourrait arriver souvent que le même ci-
toyen fût appelé à faire partie de plusieurs
réunions électorales, par exemple, comme
conseiller général, comme président de cour
impériale et comme académicien : dans ce
cas, et si les réunions avaient lieu le même
jour, il devrait choisir celle dont il voudrait
faire partie ; mais pour cela il ne renoncerait
pas au droit inhérent à celles des autres

fonctions et dignités dont il serait revêtu. Il aurait la faculté de pouvoir envoyer son vote au bureau du corps dont il serait forcément absent. Le vote aurait lieu à la majorité relative. Il n'y aurait lieu à un second tour de scrutin qu'en cas de partage des suffrages. Chaque corps constituerait son bureau, le vote serait secret. Tout discours, toute discussion politique, seraient interdits.

Il serait accordé aux officiers généraux de terre et de mer en activité de service les mettant dans l'impossibilité de se réunir à leur corps, le droit d'envoyer leur vote au bureau de leur assemblée.

Pour une telle assemblée, plus d'habits brodés et de chapeaux à plume : plus surtout de serments. Il en a été trop souvent prêté à trop de constitutions pour que le serment politique ait conservé une valeur quelconque.

Nous avons essayé de faire comprendre quelle force une semblable assemblée aurait dans le gouvernement du pays. Nous sommes dans un moment de transition et de lutte, il faut que tous, dans la limite de nos forces, nous travaillions pour l'avenir. Il ne s'agit plus seulement du couronnement, il faut une reconstruction de l'édifice.

Nous abandonnons bien volontiers tous les détails de ce système. Tous ils sont à discuter. On peut augmenter ou restreindre le nombre des catégories que nous n'avons fait qu'indiquer ; on peut donner plus ou moins d'extension au suffrage.

Le point essentiel est d'arriver à remplacer l'ancienne pairie héréditaire et le choix du chef de l'État par l'aristocratie de l'intelligence et des services rendus au pays, et par l'élection.

Voilà la seule aristocratie possible aujourd'hui et la seule faveur que l'on doive ambitionner (1).

---

(1) Dans la constitution anglaise, la Chambre des lords était, il n'y a pas encore longtemps, le pouvoir le plus fort, la Chambre des communes n'était que le pouvoir modérateur. Quoique aujourd'hui la Chambre des communes ait fini par conquérir la première place, la Chambre des lords n'en reste pas moins un pouvoir considérable, et notre Sénat n'est rien en comparaison. Cependant, malgré la solidité de la constitution anglaise, malgré l'importance de la Chambre des lords, les hommes d'État, chez nos voisins, s'occupent de la nécessité

de reconstituer cette haute assemblée sur de nouvelles bases.

L'un d'eux, économiste distingué, écrit :

« Si une Chambre représente le sentiment populaire, « l'autre devrait représenter le mérite personnel éprouvé « par des services publics réels et fortifié par l'expé-« rience pratique. Si l'une est la Chambre du peuple, « l'autre devrait être la Chambre des hommes d'État, un « conseil composé de tous les hommes publics qui ont « occupé des charges ou des fonctions publiques impor-« tantes. Une pareille Chambre pourrait être beaucoup « plus qu'un corps simplement modérateur. Ce ne serait « pas uniquement un frein, mais aussi une force impul-« sive. Là le pouvoir de contenir le peuple appartien-« drait aux hommes les plus capables, et en général les « plus désireux de le faire avancer dans toute direction « utile. Le conseil auquel serait confiée la mission de « redresser les erreurs du peuple ne représenterait pas « une classe suspecte d'antipathie pour les intérêts du « peuple, mais se composerait de ses chefs naturels dans « la voie du progrès. Aucune autre manière de consti-« tuer une Chambre haute ne réussirait à donner au-« tant de poids et d'efficacité à sa fonction modératrice. « Il serait impossible de décrier comme un pur obstacle « un corps qui serait toujours le premier à favoriser le « progrès. »

Et on en arrive en Angleterre à supprimer l'hérédité de la pairie et à composer la Chambre haute, soit en indiquant les fonctions publiques dont l'exercice pendant un certain nombre d'années donnerait à ceux qui les ont exercées le droit de faire partie de la Chambre, soit par une modification moins radicale, en faisant nommer les pairs entre eux et à vie seulement.

LE SERMENT

Un des premiers effets du réveil de l'esprit public, après l'engourdissement dans lequel la Constitution de 1852 avait plongé la France, a été de reconnaître que le serment politique était non-seulement une triste inutilité, mais surtout une obligation malsaine et profondément immorale.

Malheureusement la campagne entreprise contre le serment, par le parti qui s'intitule radical, a été maladroite. La masse des électeurs ne veut pas consentir à perdre son vote en le donnant à un insermenté. Le moyen était trop violent, surtout dans ses conséquences et dans la lutte qu'il entraînait forcément avec le pouvoir.

C'est une autre campagne qu'il faudrait, il nous semble, organiser contre le serment. Il faut en démontrer l'inutilité et l'immoralité, il faut faire comprendre à tous qu'après tant de dynasties et de constitutions, le serment n'est plus une force, mais une faiblesse autant pour ceux qui l'exigent que pour ceux qui se le laissent imposer, puis en demander et en obtenir alors l'abolition au nom de la moralité publique.

L'obligation du serment est une des premières *destructions nécessaires* réclamées par le pays ; de même que les candidatures officielles, de même que le fameux article 75 de la constitution de l'an VIII, et que tant d'autres routines du passé qui ne sont que des empêchements pour marcher hardiment dans le chemin de la liberté. L'honnêteté politique, la liberté, voilà les aspirations de notre patriotisme. Le serment est une entrave, essayons de nous en débarrasser.

Pourquoi tous ceux qui trouvent le serment inutile et immoral ne signeraient-ils pas une pétition au Sénat conçue à peu près en ces termes :

« Messieurs les sénateurs, c'est avec confiance que nous venons soumettre à votre appréciation patriotique et éclairée une question de haute moralité politique. Nous voulons parler du serment.

« Il nous paraît évident que ce ne peut être que par erreur, ou plutôt par routine, que l'obligation du serment a été maintenue dans la constitution de 1852.

« Quelle est, en effet, la valeur du serment imposé dans la constitution ? A combien de dynasties, à combien de constitutions, n'a-t-on pas depuis soixante-quinze ans juré fidélité en France ? Les dynasties ont été renversées, les constitutions ont été changées de fond en comble ; les serments n'en ont conservé ni maintenu aucune.

« Puisque l'expérience est faite et que les serments ont tous été, les uns à la suite des autres, impuissants à rien sauvegarder, puisque sans observations, comme sans remords, ils s'inscrivent sur le grand livre du doit et avoir des hommes qui presque toujours les mêmes se retrouvent à la tête des affaires du pays ; il nous semble qu'ils doivent avoir perdu de leur valeur en raison directe du nombre de fois qu'ils ont été prêtés, et que, par le fait des circonstances ou de la volonté, ils ont été violés. Ce lien, essentiellement moral, ne doit pas être affaibli, sous peine de perdre entièrement tout ce qui fait sa force. Le serment ne doit pas et ne peut pas être obligatoire. Son caractère véritable, sa force et sa grandeur sont d'être la libre manifestation de la volonté, de la conviction et du dévouement. La banalité lui enlève ce caractère, et la conscience d'un peuple en souffre.

« A la rigueur, on comprendrait le serment prêté entre les mains du souverain par ceux qui, librement et par dévouement, sont attachés à sa personne ; et encore, on se demande quelle force nouvelle le serment peut apporter au dévouement ? Mais pourquoi l'imposer aux magistrats, aux candidats, aux suffrages des électeurs, aux députés, aux conseillers généraux, aux maires, aux conseillers municipaux, aux membres d'un bureau de bienfaisance, aux académiciens et à tant d'autres catégories de citoyens ?...

« Les seuls liens véritables qui peuvent

aujourd'hui unir les gouvernés aux gouvernants sont la confiance et la reconnaissance. Or, le serment obligatoire n'augmente pas d'un atome la force d'un gouvernement et la confiance des gouvernés.

« Trop de serments faussent la conscience publique.

« Rendons cette justice à la République de 1848, d'avoir effacé le serment de sa constitution. Le seul qu'elle ait eu le tort et la faiblesse d'exiger n'a pas servi à prolonger son existence.

« Nous proposons à la place de ce serment imposé, dans toutes les constitutions, à la personne du souverain et à la constitution elle-même, que tout Français, en tirant à la conscription, soit solennellement appelé à sa mairie pour y jurer d'aimer sa patrie, de la servir et de contribuer, dans la limite de ses forces, à sa prospérité et à sa gloire !

« C'est à vous, messieurs les sénateurs, qu'il appartient de provoquer et d'obtenir d'effacer, de la constitution présente et par conséquent des constitutions futures, la triste obligation du serment.

« Puissiez-vous attacher vos noms à ce grand acte de haute moralité politique. La conscience et le sens moral du pays ne pourraient qu'en être fortifiés, et les dévouements présents et futurs ne sauraient en être affaiblis ! »

Quels arguments un ministère qui voudrait passer pour franchement libéral pourrait-il trouver en faveur de la nécessité de maintenir le serment ? Que pourrait-on répondre ? Un ministre, un commissaire du gouvernement viendraient-ils dire du haut de la tribune : « Nous avons bien juré tant de fois, faites comme nous. »

Mais ce n'est pas là un argument.

Le serment est une vieillerie usée. Ceux qui l'ont prêté une ou plusieurs fois n'y attachent aucune importance et sont disposés à en prêter autant que les circonstances l'exigeront. Quelques bien rares entêtés le refuseront toujours ; et la génération qui grandit est décidée à ne le considérer que comme la plus vaine de toutes les formules. Voilà le bilan du serment.

Pour que la France soit à tout jamais

délivrée du serment politique, il n'est pas besoin d'organiser une agitation violente. Le bon sens et le mépris public seuls doivent suffire pour en faire justice !

DES MINORITÉS

De même que l'imprimerie, que la vapeur et que toutes les grandes découvertes scientifiques, le suffrage universel, qui est le principe vital des sociétés modernes, ne peut arriver à la perfection qu'après de nombreuses expériences et de longs tâtonnements.

La République de 1848, qui a eu l'honneur de le proclamer, n'a malheureusement pas eu la sagesse de le laisser s'exprimer librement et sincèrement. Elle a voulu le façonner pour ses besoins. Les fameuses circulaires et les commissaires investis de pouvoirs illimités, se faisant porter eux-mêmes en tête de leurs listes, ont été les premières et regrettables dérogations au grand principe du suffrage universel.

L'Empire l'a faussé davantage encore avec

toutes ses lois restrictives et antilibérales. Convaincu avec juste raison qu'il ne pouvait pas le supprimer, il a entrepris de l'absorber et de le confisquer à son profit. Il a alors, fort habilement, mais fort peu loyalement, imaginé les candidatures officielles et le serment préalable. Cela ne lui a pas suffi. Il a supprimé la liberté de la presse et le droit de réunion; il a voulu même, autant que c'était en son pouvoir, étouffer la voix des élus, de ce qui restait du suffrage universel, en défendant le libre compte rendu des séances, en forçant les députés à parler de leurs places, et, s'il l'avait osé, il aurait même chassé le public des tribunes du Corps législatif, comme il l'avait exclu de celles du Sénat. Ayant ainsi toutes les forces dans sa main, il a pu vivre pendant dix-sept ans, avec l'apparence seulement du suffrage universel, sans discussion, sans contrôle, on peut même dire sans opposition. Cet état de choses était si savamment, si puissamment organisé, qu'il a pu durer depuis 1851 jusqu'à aujourd'hui.

La France découragée, entravée par toutes ces lois restrictives, ne savait comment manifester ses aspirations. Le retour périodique de l'exercice du suffrage universel a été l'occasion du réveil, et plus de trois millions de citoyens ont pu proclamer hautement qu'ils ne voulaient plus vivre dans le silence et l'oppression.

Intimidé par cette manifestation de l'esprit public, à laquelle le silence des années passées ne l'avait pas accoutumé, voyant la majorité factice et docile avec laquelle il avait la douce habitude de vivre, grandement entamée, le gouvernement personnel s'est senti ébranlé tout d'un coup. Il a cru satisfaire les aspirations du pays par la démission de celui qui était sa personnification, qui avait déclaré qu'il n'y avait pas eu une faute de commise, et par l'octroi du sénatus-consulte du mois de septembre ; mais, en même temps, il prorogeait la Chambre, dont les demandes d'interpellation le gênaient.

Cette prorogation inopportune, pour ne pas dire plus, ne lui a donné que quelques mois de répit. Il a bien fallu convoquer de nouveau les élus du suffrage universel, et les discussions provoquées par la vérification des pouvoirs, malgré la majorité toujours dévouée au gouvernement, ont achevé d'édifier le pays sur les abus scandaleux résultant des candidatures officielles et de tout le système passé.

Forcément, la Chambre va être prochainement appelée à discuter et à voter une nouvelle loi électorale. Que sera-t-elle? Il est certain que la candidature officielle a fait ses dernières débauches aux élections de 1869. Le nombre des députés sera augmenté; le gouvernement se verra aussi dépouillé du pouvoir inouï de faire et de remanier, par simple décret, les circonscriptions électorales; le serment, au moins le serment préalable, sera supprimé : mais est-ce assez? La première condition du suffrage universel, la condition essentielle, est la sincérité. Or, quel que soit le nombre des députés que le pays ait à nommer, quelle que soit la liberté laissée au suffrage, il peut se faire que, sur onze millions d'électeurs, quelques milliers de voix seulement fassent la majorité dans tous les colléges. Une minorité, à peu près égale à la moitié des électeurs, représentant par conséquent des opinions puissantes et considérables dans le pays, ne serait donc pas représentée ? Cela est impossible, et l'on est forcément amené à reconnaître que l'une des conditions essentielles du suffrage universel est d'arriver à donner une représentation quelconque aux minorités, en tant, toutefois, que ces minorités soient des fractions importantes de l'opinion publique. Nous voudrions donc que cette question de donner une part aux minorités dans la représentation nationale fût sérieusement étudiée dans la discussion de la nouvelle loi électorale.

Un économiste anglais, M. John Stuart Mill, dans son livre du gouvernement représentatif, traite avec un grand talent cette question.

« Dans une démocratie réellement égale,
« dit-il, tout parti, quel qu'il soit, devrait
« être représenté dans une proportion, non
« pas supérieure, mais identique à ce qu'il
« est. Une majorité d'électeurs devrait tou-
« jours avoir une majorité de représentants ;
« mais une minorité d'électeurs devrait tou
« jours avoir aussi une minorité de repré-
« sentants. »

M. Mill s'étend longuement et avec beaucoup de force sur les inconvénients et les dangers de l'oppression légale de la minorité par la majorité ; puis il indique et discute plusieurs systèmes. Celui qui le séduit le plus, qui lui semble en même temps le plus vrai et le plus pratique, est celui de M. Thomas Hare. Le plan de M. Hare, très-ingénieux, nous semble cependant trop abstrait. Le suffrage universel n'en est pas encore arrivé à viser ce qui sera peut-être dans l'avenir l'idéal de son perfectionnement : « Aux termes de ce « plan, l'unité représentative, c'est-à-dire la « quotité d'électeurs ayant droit à un représentant, serait déterminée par le procédé ordinaire dont on se sert pour tirer des « moyennes. Le nombre des votants serait « divisé par le nombre des siéges dans la « Chambre. Tout candidat, obtenant cette « quotité, serait élu représentant, encore que « cette quotité se composât de votes épars çà « et là dans un grand nombre de colléges. »

Tel est le point de départ du système de M. Hare. C'est la donnée qui avait également séduit l'esprit entreprenant de M. de

Girardin. « J'ose prédire, écrit M. Mill, après
« avoir analysé les idées de M. Hare, que plus
« on étudiera ce système et plus on sentira
« combien ce plan est praticable et combien les
« avantages en sont immenses. Ils le sont à un
« tel point et ils sont tellement nombreux que,
« pour ma part, je rangerais ce plan parmi les
« plus grands progrès qu'on ait faits jusqu'à
« présent dans la théorie et dans la pratique
« du gouvernement. » Quelque grande que
soit la valeur de l'opinion de M. Mill, nous
préférons un autre système analysé dans le
même ouvrage, et qui nous paraît peut-être
moins savamment perfectionné, mais infini-
ment plus simple et par conséquent plus pratique.

Supposons, le nombre des députés étant
considérablement augmenté, la France divisée
en petites circonscriptions (1) ayant chacune

(1) On parle beaucoup de prendre pour base des circonscriptions électorales l'arrondissement actuel ; il
nous semble que les circonscriptions ne doivent pas
être subordonnées aux arrondissements, mais que ce
sont les arrondissements, au contraire, qui doivent être
la conséquence des circonscriptions. Plusieurs membres

trois députés à nommer par *scrutin de liste*. Chaque électeur a donc le droit d'inscrire trois noms sur son bulletin de vote ; mais il peut renoncer à ce droit, le restreindre, s'il se sent minorité, et réunir son triple vote sur un candidat représentant son opinion. En renonçant ainsi à son droit de nommer trois députés, et en consentant, en se reconnaissant minorité, à n'en nommer qu'un seul, il est certain, si toutefois son opinion est une fraction assez importante de l'esprit public, de la faire représenter dans les conseils du pays.

Tel est en substance un des systèmes dont parle M. Stuart Mill. Il est clair, simple et parfaitement pratique. L'idée première de lord John Russel a été remaniée telle que nous venons de la présenter par M. Garth Marshall.

Pourquoi cette grave question de donner

---

de la gauche demandent qu'un député soit nommé par quatre-vingt mille habitants, ce qui représente environ vingt mille électeurs. Les circonscriptions, si elles étaient établies (dans la loi électorale qui va être discutée et votée cette année) en vue du scrutin de liste pour trois députés, compteraient donc soixante mille électeurs, et deviendraient forcément l'arrondissement.

aux minorités une part dans la représentation nationale ne serait-elle pas prise en
sérieuse considération dans l'étude de la nouvelle loi électorale ? Pourquoi ne discuterait-
on pas ces divers systèmes que les écono-
mistes et les hommes d'État anglais ont eu
les premiers, il faut le reconnaître, l'honneur de produire et de développer ? Il est
grandement temps, pour notre pays, que
l'on discute une loi en dehors de tout esprit
de parti, en dehors de tout intérêt gouverne-
mental, et que nos législateurs n'aient abso-
lument en vue que le perfectionnement du
suffrage universel.

La majorité doit toujours rester majorité,
mais il est de toute justice, pour que la représentation soit sincère et vraie, de ne pas voir
une majorité de quelques milliers de voix seulement écraser les minorités et triompher lé-
galement, mais brutalement, partout et toujours. Empruntons encore, pour terminer,
une page à M. Stuart Mill :

« Désespérer d'une cure et nier la maladie
« sont deux choses qui se touchent de près.
« De là une certaine aversion à proposer un

« remède, comme si celui qui le propose
« créait le mal, au lieu d'en offrir le traite-
« ment. On est tellement habitué aux maux
« qu'on trouve déraisonnable, si ce n'est même
« répréhensible, de s'en plaindre.

« Cependant, qu'ils soient évitables ou
« non, il doit être un amant aveugle de la
« liberté, celui auquel ces maux ne pèsent
« pas, celui qui ne se réjouirait pas en dé-
« couvrant qu'on peut se dispenser de les
« souffrir. Au point où nous en sommes,
« rien n'est plus certain : l'effacement virtuel
« de la minorité n'est pas du tout la consé-
« quence naturelle ou nécessaire de la liberté;
« c'est au contraire une chose diamétrale-
« ment opposée au premier principe de la
« démocratie, qui est la représentation pro-
« portionnée au nombre. Que les minorités
« soient représentées dans une juste propor-
« tion, c'est une partie essentielle de la dé-
« mocratie; sans cela, il n'est pas de véri-
« table démocratie possible; on n'a qu'une
« fausse apparence de démocratie. »

www.ingramcontent.com/pod-product-compliance
Lightning Source LLC
Chambersburg PA
CBHW061716060726
47597CB00006B/2410